名作マンガ100でわかる！

ここがスゴイよ！ニッポンの文化大図鑑

全5巻内容

1 芸をみがく・演じる

巻頭インタビュー 野村萬斎さん

歌舞伎（ぴんとこな）/ **能**（夢幻花伝）/ **狂言**（しなやかに傷ついて）/ **和太鼓**（和太鼓†ガールズ）/ **三味線**（ましろのおと）/ **和楽器**（なでしこドレミソラ）/ **雅楽**（王の庭）/ **人形浄瑠璃**（火色の文楽）/ **芸妓・舞妓**（紅匂ふ）/ **獅子舞**（ししまいガール）/ **宝塚**（すみれの花咲くガールズ）/ **アイドル**（Cue）

2 競う・きたえる

巻頭インタビュー 井上康生さん

相撲（ああ播磨灘）/ **柔道**（帯をギュッとね！）/ **剣道**（しっぷうどとう）/ **空手**（ハンザスカイ）/ **弓道**（ひらひらひゅ〜ん）/ **少林寺拳法**（オッス！ 少林寺）/ **なぎなた**（あさひなぐ）/ **侍・武士**（バガボンド）/ **忍者**（闇月夜行）/ **将棋**（ナイトぼっち）/ **囲碁**（天地明察）/ **競技かるた**（ちはやふる）

学ぶ・たしなむ 3

巻頭インタビュー 紫舟さん

茶道（ケッコーなお手前です。）/ **書道**（とめはねっ! 鈴里高校書道部）/ **華道**（ギャル華道）/ **和服**（きものがたり）/ **和歌**（超訳百人一首　うた恋い。）/ **源氏物語**（あさきゆめみし）/ **俳句**（あかぼし俳句帖）/ **和算**（和算に恋した少女）/ **日本神話**（ヤマトタケル）/ **神社**（神主さんの日常）/ **仏師**（恋する仏像）/ **寺院**（住職系女子）

名作マンガ100でわかる！

ここがスゴイよ！ニッポンの文化大図鑑

4巻

遊ぶ・楽しむ

ニッポンの文化大図鑑編集委員会・編

日本図書センター

この本の見方

この本では、マンガの登場人物を取り上げ、ストーリーとともにその人物が取り組む日本文化を紹介します。
各文化の基本知識や、ルーツ・歴史をイラストや写真を使って説明しています。
世界のほかの文化との比較など、よりくわしい情報のページもあるので、日本文化の魅力を好きなところから楽しくつかんでみましょう。

作品紹介
マンガの作品名と内容を紹介しています。

なんでもデータ
テーマに関する「?」と思うような数字を紹介しています。

どんな文化?
その文化の基本情報をわかりやすく説明しています。

必須アイテム
その文化に必要不可欠なアイテムなどを紹介しています。

ルーツ・歴史ほか
その文化の歴史や由来を示す写真・図版などを紹介しています。

世界から見てみよう
世界の文化と共通する点やちがう点などを紹介しています。

ココが名場面
マンガのストーリーのなかで、その文化のおもしろさがわかるページを紹介しています。

もっと知りたい!
その文化が、現代の私たちのくらしに、どのように根づいているか説明しています。

日本の地域コラム
その文化に特別にかかわっている地域を紹介しています。

世界の地域コラム
その文化が広がっていった国や地域を紹介しています。

関連マンガコラム
その文化に関連するマンガの紹介です。

ニッポン文化で輝く！達人からのメッセージ

関連マンガコラム

ニッポン文化で輝く！

達人からのメッセージ

落語家 立川談春さん

口伝えで芸を学ぶことは「覚悟」も覚えること！

落語だけでなく、テレビや舞台、映画でも活やく中の談春さん。師匠のあたえてくれるものを、すべて受け入れる覚悟について話してくださいました。

Q 子どものころはどんなことが好きでしたか？

A 落語家になるぐらいだから、子どものころから本が好きでした。落語家は本を読んでおかなくてはいけない商売だと思っています。

実は落語は、文学にも大きな影響をあたえているのです。たとえば、昔は本に書かれている文章と、ふだん話す言葉はちがうものでした。でも、明治時代、ふだん話している言葉で小説を書きはじめた人がいました。きっかけは、そのころの落語家・三遊亭圓朝の落語を、字に書き起こした本を読んだことだったという話もあるほどです。

Q 落語との出会いと、そのときどんなところにひきつけられたか教えてください。

A 落語との出会いは、中学校の図書室にあった落語全集です。当時の私にとって、落語は読むものでした。

その後、中学3年生のとき、卒業記念の社会見学で、初めて寄席に行きました。そのときは落語の内容よりも、立川談志という落語家がとても印象に残りました。

後に、この人が私の師匠となりました。

Q 落語は師匠から弟子へ、口伝えで芸が伝えられていきます。その良さはどんなことだと思われますか？

A 口伝えだと、教わる側は「覚悟」がないと何も学ぶことができません。師匠のあたえてくれるものをすべて受け入れ、信じるということです。それは、今の人たちにはなかなか難しいことかもしれません。

自分の教わっていることは本当に正しいのか？　教えてくれている師匠は信用できるのか？　など迷い出せばキリがないからです。

師匠を信じる心、そして自分が選んだ師匠にまちがいはないと自分を信じる心、つまり自信をもつことが「覚悟」です。

弟子は、口伝えによって芸を覚えるだけではなく、「覚悟とは何か」ということを覚えるのだと思います。

Q 落語をもっとおもしろく聞くには、どんなふうに楽しむといいですか？

A もし、落語を初めて聞いて、おもしろいと思ったら、それは落語の力でも、落語家の力でもありません。あなたが「おはなし」を聞くのが好きなのです。今の時代は「おはなし」をしてくれる人が少なくなりましたが、人間は子どものころにたくさん「おはなし」を聞いて、ワクワクするものなのです。

話さないと人間は何もわかりあえないということも、落語を聞いてみれば、わかると思いますよ。

落語には与太郎という人が出てきます。のん気で、何をやっても失敗することが多い人です。噺のなかで、みんなで与太郎を「しょうがないなぁ」って言うのだけど、誰も直そうとしない。「しょうがないよ、あいつは与太郎なんだから」って言って、また与太郎に話しかける。「相変わらずかい？」とかね。

落語に興味をもっているこの本の読者へ、メッセージをお願いします。

誰かの「おはなし」をたくさん聞いてください。そして自分でも誰かにたくさん「おはなし」をしてあげてください。その後に落語を聞くと、本当におもしろいですよ。

ほかの誰かと「おはなし」をすることは、とても大事ですてきなことです。

もし、おはなしのしかたがわからなかったら、落語を聞きにいらっしゃい。会話をするって全然難しいことじゃないから。

プロフィール

落語家　立川談春

1966年東京都生まれ。17歳で立川談志に入門し、1988年二ツ目に昇進。1997年真打に昇進。

古典落語の名手で「国立演芸場花形演芸会大賞」をはじめ、数々の賞を受賞。つねに新しい企画や独演会に挑戦しながら、エッセイ、舞台、テレビドラマへの出演など、さまざまな分野で活やくしている。

たくみな話術で客を笑顔にする

落語

Rakugo

7巻より　©雲田はるこ／講談社

『昭和元禄落語心中』

雲田はるこ／作
講談社
KCx ITAN
全10巻
©雲田はるこ／講談社

八代目有楽亭八雲の落語を聞き、その落語にほれこんだ強次。八雲に弟子入りを願い出た強次は、「与太郎」の名をあたえられ、弟子となる。

7巻より　©雲田はるこ／講談社

ココが名場面

与太郎が演じた古典落語「居残り」について、評論家から指摘される場面。落語を通して自分を表現する八雲、どの演目も自分が表に出る先代助六に対し、与太郎の落語は自分自身を消し去り落語の世界をそのまま表現するものでした。同じ演目を演じても、落語家によって表現の仕方がちがうのが、落語のおもしろさの一つです。

落語なんでもデータ

これ、なんの数字？　**1993年**

女性の落語家が初めて真打に昇進した年（平成５年）。落語協会所属の三遊亭歌る多と古今亭菊千代です。

ニッポン文化再発見！ 落語ってなに？

一人で何役も演じる落語家

落語とは、落語家とよばれる演者が、一人で何役も演じ分けながら話を進める話芸です。さまざまな年れいや職業の男女が登場し、その人々の会話を演じることで、まるでそこにその人たちがいるかのように臨場感たっぷりに物語を進めていくのが魅力です。

また、落語で使う道具は扇子と手ぬぐいだけです。食べ物を食べるのも、手紙を書くのも、刀を使うのも扇子と手ぬぐいだけで表現します。

落語には、笑い話である「こっけいばなし」や、なみだをさそう「人情ばなし」、「怪談ばなし」などの種類があり、こっけいばなしは、話の最後にダジャレなどの「落ち」がつきます。

江戸時代から明治時代に原型がつくられた落語を古典落語、古典落語以降につくられた落語を新作落語といいます。

室町時代の「おとぎ衆」の話芸がルーツ

落語の原型は、室町時代末期から安土桃山時代にかけて、大名などのそばに仕えていた「おとぎ衆」とよばれる人たちの話芸です。おとぎ衆は、世の中の情報を大名に伝え、話し相手をしていました。あきさせないためにおもしろおかしく「落ち」をつける人もいました。

江戸時代になると、お金をもらっておもしろい話を聞かせる人々が現れ、「はなし家」とよばれました。このころ、「寄席」も生まれます。大正時代にはラジオ、昭和時代にはテレビの発達により、落語ブームとなりました。現在でも、さまざまな場所で寄席が開かれています。

必須アイテム

落語を演じる場所（寄席）

めくり
落語を演じる落語家の名前が書かれた紙。落語家が入れかわるごとに、1枚ずつめくる。

扇子
はしや筆、刀、舟をこぐさおなど、細長いものを表現するのに使う。

手ぬぐい
手ぬぐいとしてだけでなく、さいふやふくろ、手紙、本などの平らなもの、幅の広いものや食べものなど、さまざまなものに見立てられる。

座布団
高座にしいて使う。出演者が交代するときにうら返す。

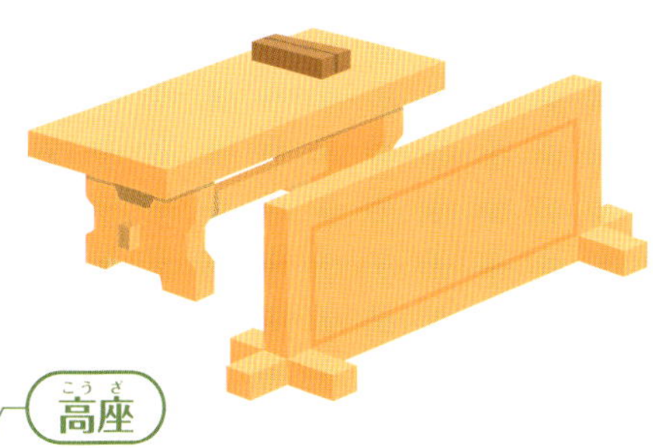

高座
落語を演じる舞台。客席よりも一段高くつくられることが多い。

◀上方落語（8ページで紹介）では、落語家の前に「見台」という机と、「膝隠し」というついたてを置く。見台の上には「小拍子」という拍子木が置かれ、場面を変えるときなどに見台を打って音を鳴らす。

江戸時代の落語

◀小屋で落語を聞かせる寄席興行の様子。江戸時代後期に落語ブームが起こった。『春色三題噺』より。

法政大学図書館正岡子規文庫所蔵

もっと知りたい！ 落語 Rakugo

落語の話術は、簡単には身につけることができません。厳しい師弟関係や真打制度などのなかで修業を積み、確かな技術を学ぶことで、芸をみがいていきます。

十数年かけて真打をめざす

東京の落語界では、落語家の階級が定められています。もっとも経験が浅い人は「前座見習い」で、「前座」「二ツ目」「真打」と昇進します。

落語家になるには、まず師匠に弟子入りをします。弟子入り後は、師匠の身のまわりの世話をしながら、落語の勉強を続けます。経験を積み、二ツ目になって十年ほどで、師匠などの判断により、真打になることができます。

真打は、寄席の番組で最後に出ることや、弟子を取ることができます。けれども、真打になっても修業が終わるわけではなく、弟子を指導しつつ、自らも一生、勉強を続けなければなりません。

この真打制度は東京の落語界のもので、上方落語にはありません。

▲真打の襲名披露興行の様子。二ツ目の落語家が真打に昇進するときには、襲名披露とよばれるもよおしが行われる。

写真：一般社団法人落語協会

さまざまな登場人物

落語には、いくつもの話に登場する人物がいます。それぞれに性格が決まっていて、その性格によって話を盛り上げます。

与太郎
のん気な性格。何をやっても失敗することが多いが、にくめない人物で、周囲の人から心配されている。

甚兵衛
おだやかで人がいいが、少しまぬけな性格。おかみさんのしりにしかれている。

熊五郎
酒好きで、少々乱暴なところがある。また、ときにはちょっとずるがしこい。

八五郎
おっちょこちょいでおしゃべり好き。人の話をあまり聞かずに事件を起こすことが多い。

大阪府・京都府

上方落語

大阪や京都などで演じられる落語を、上方落語といいます。上方落語は関西地方の言葉で語られ、舞台にあるものもちがいます。同じ演目でも、東京の落語とは題名や内容の一部がちがっていることがあります。また、東京の落語に欠かせない「人情ばなし」があまりないのも、大きな特徴です。

世界から見てみよう

日本には、落語のほかに、出演者が舞台に立っておもしろい話をする漫談や、机の前で昔の軍記物などを読む講談という芸能があります。世界にも似た芸能はありますが、演者がすわり、一人で語る芸能は、落語だけです。

スタンダップ・コメディ(アメリカ)

コメディアンが一人で舞台に立ち、おもしろいことをしゃべる演芸。落語のような物語性はなく、社会問題や宗教、政治問題などを、おもしろおかしく語る。

相声(中国)

ものまねなどの話芸「像声」から生まれたといわれ、早口言葉や方言などの芸で人々を笑わせる。一人で演じるものは「単口」、二人で演じるものは「対口」、3人以上で演じるものは「群口」という。

世界に広がる英語落語

人間をテーマにした落語のあたたかな笑いは、海外の人々にも受け入れられやすい笑いです。最近は、外国人の落語家も登場しています。同時に、さまざまな落語家によって英語の落語がつくられるようになり、海外での公演もさかんに行われています。

すわったままで動きを表現

▲古典落語「居残り」を演じる三代目助六。真打昇進前は、与太郎とよばれていた。(7巻より) ©雲田はるこ／講談社

落語はすわったままで演じるものです。しかし、話の内容を伝えたり、客にまるで実際にその場にいるような気分にさせたりするには、体の動きも表現しなければいけません。登場人物の動きを伝え、場面を想像させることが落語には重要です。

落語家の弟子の上下関係

落語家の弟子たちは、年れいにかかわらず、師匠に先に弟子入りした者が「兄弟子」となり、後に入った者は「弟弟子」となります。

©西炯子／白泉社

もっと！落語マンガ

『兄さんと僕』

サラリーマンをやめて落語家の三々遊亭小正月に弟子入りした中村正直。兄弟子で小学生の「小いぬ」のもとで、修業の日々を送る。

西炯子／作　白泉社　花とゆめコミックス　全1巻

コンビの絶妙なかけ合いで笑わせる

漫才

Manzai

3巻より　©Atsuko Asano/Hizuru Imai/JIVE

『The MANZAI COMICS』

イマイヒヅル／漫画
あさのあつこ／原作
ジャイブ
ピュアフルコミック
全4巻

©Atsuko Asano/Hizuru Imai/JIVE

瀬田歩は、同じクラスの秋本貴史に、漫才コンビを組んでほしいと頼まれる。秋本の熱意におされ、歩は文化祭で漫才をすることに。

ココが名場面

歩と秋本が、絶妙な「間」でかけ合いをする場面。

漫才では、「間」が重要です。どんなタイミングでボケて、ツッコミを入れるかが、どれだけ笑いをとれるかにつながります。あえて間をしっかりとってボケたり、間髪を入れずにつっこんだり、そういったメリハリのあるかけ合いで観客を笑わせるのです。

4巻より　©Atsuko Asano/Hizuru Imai/JIVE

漫才なんでもデータ

これ、なんの数字？　**1933年**

漫才という言葉が生まれた年（昭和8年）。
多くの芸人が所属する「吉本興業」が名づけました。

ニッポン文化再発見！ 漫才ってなに？

ボケ役とツッコミ役がかけ合いで話を進める

漫才とは、舞台の上で、主に二人で交互に話しながら、おもしろい話を披露する話芸です。3人以上の漫才もあります。基本的にはマイク一本だけで演じるのが、特徴です。

二人漫才の場合、一人はとぼけたこと（ボケ）を言うボケ役、もう一人はボケを指摘するツッコミ役になることが多く、二人ともボケ役になったり、ボケ役とツッコミ役が入れかわったりすることもあります。ツッコミ役が指摘する（ツッコミを入れる）ときには、ボケ役の頭や胸などを軽くたたいたりします。

ツッコミには、ボケ役のボケにツッコミ役がいったん納得した後、ツッコミを入れるという「ノリツッコミ」というスタイルもあります。

伝統芸能の「万歳」から発展した漫才

漫才は、平安時代に始まった「千秋万歳」が原型といわれています。後に、太夫と才蔵とよばれる二人組が正月に家々の繁栄や長寿を祝って舞う門づけ芸になり、各地に広まります。

江戸時代の終わりごろには、尾張地方（愛知県西部）で小屋の中で楽器演奏をしながら人々に数え歌や笑い話などを聞かせる、三曲万歳という万歳が人気となります。

明治から大正時代になると、三曲万歳をもとに、なぞかけやものまねなどをとり入れた演芸が生まれました。昭和時代には、楽器を使わずに二人の会話だけで笑わせる新しい万才が登場します。そして、万才は漫才という言葉になり、現在も題材や表現を多様に広げ続けています。

必須アイテム

ボケ役
まちがいやかんちがいから、とぼけたことを言う。おもしろいギャグを披露することもある。

マイク
一本のスタンドマイクを二人で使う。最近は胸にピンマイク（小さなマイク）をつけることも多い。

衣装
スーツ姿が多い。衣装だけでどのコンビかわかるほど、個性的な衣装を身につけていることもある。

ツッコミ役
ボケ役のまちがいなどを指摘する。指摘することで、ボケ役の発言のおもしろみを観客に伝える。

漫才のルーツと歴史

▲江戸時代にえがかれた、正月の門づけ芸人にふんした役者たち。右側にいる二人のうち、紺色の着物が才蔵役で、緑色の着物が太夫役。『初春雪の曙』（春梅斎北英）　国立劇場蔵

◀愛知県知多市に残る伝統芸能・尾張万歳の太夫（右）と才蔵（左）。役によって衣装が決まっている。

写真：尾張万歳保存会

もっと知りたい！ 漫才 Manzai

漫才にも、落語（→6ページ）のような師弟制度があり、師匠から芸を学ぶのがふつうでした。しかし最近では、お笑い芸人の養成所で学んでデビューする漫才師も増えています。

漫才師への道が変わってきている

昭和時代中ごろまでは、漫才師（漫才を演じる人）になるには、師匠に弟子入りし、何年も修業して芸を身につけ、師匠に認められると、その師匠の屋号を受け継ぎ、芸名をつけてもらえるしくみでした。現在も、そのようにして芸をみがいている漫才師はたくさんいます。

1980年代に漫才はブームになり、新しい感覚をもった漫才師をもっと育てようと、お笑い芸人の養成所が設立されました。そのため、養成所で漫才を学ぶ人や、芸能プロダクションのオーディションを受けてプロをめざす人が増えてきたのです。

漫才が、つねに新しい表現方法や話題をとり入れようとするのと同じように、漫才師になる道も、時代とともに変化してきています。

ツッコミ役 ボケを指摘する。

ボケ役 とぼけた言動をする。

観客

▲芸能プロダクションが開設した劇場でライブを行う若手漫才師（ヘンダーソン）。観客が少ないこともめずらしくないなか、経験を積んで実力をつける。

写真：吉本興業株式会社

対照的でおもしろい漫才コンビ

二人の性格や見た目を対照的にすることで、独特の漫才をうみ出し、観客に強い印象をあたえる漫才コンビが多くいます。

夫婦漫才
夫婦によるコンビ。気が弱そうな夫と、強気な妻の組み合わせなどで笑いをさそう。

太っている人とやせている人
太っている人がたくさん食べるキャラクターであることが多い。

身長が高い人と低い人
身長の高い人が、低い人を軽々とあつかうなど、身長差を笑いにする。

愛知県名古屋市
長母寺

長母寺は、尾張万歳発祥の地といわれています。尾張万歳は、今から400年ほど前に尾張地方で始まった芸能で、長母寺を開いた無住国師というお坊さんの説教から生まれたとされています。無住国師が寺ではたらいていた親子に教えた法華経万歳が愛知県の各地に伝えられ、親しまれてきました。

写真：名古屋市教育委員会

世界から見てみよう

漫才のように、舞台の上でおもしろい話を披露する演芸は、世界各地に見られます。ここでは、アメリカで人気を集めた、二組のコメディアンのコンビを紹介します。体型の異なるコンビと、夫婦のコンビは、漫才にも通じます。

ローレル&ハーディ

背が低いスタン・ローレルと、ふくよかな体型のオリヴァー・ハーディのコンビ。1921年にお笑いコンビを組み、コメディ映画に数多く出演した。映画「極楽シリーズ」に出演して人気だった二人は、日本でも「極楽コンビ」とよばれ、親しまれた。

バーンズ&アレン

ジョージ・バーンズとグレイシー・アレンの、夫婦コンビ。1923年にコンビを組み、舞台やラジオ、テレビ番組などに幅広く出演。40年以上にわたって活躍した。「ジョージ・バーンズ&グレイシー・アレン・ショー」は特に人気の番組で、9シーズンも続いて放送された。

国際化する漫才

日本の文化に興味をもつ外国人が増え、漫才の世界も国際化が進んでいます。日本人の漫才師が外国人の前で外国語で漫才をしたり、外国人が日本で漫才師になったりすることもあります。たとえば、アメリカ人のパックンは日本に来たときに漫才と出会い、日本人のマックンとコンビを組みました。現在は、漫才以外でも活やくしています。

コンビで息を合わせる

▲相方の秋本との漫才の舞台で、自分の次のセリフを忘れてしまった歩。(4巻より)

漫才では、二人が息を合わせてかけ合いをくり広げます。舞台上でハプニングが起こってしまったら、相方がアドリブを入れるなどしてうまく軌道修正します。どちらかがミスをしても、息の合った相方ならフォローすることができるのです。

厳しい漫才の世界

漫才師のなかには、活やくの場を得られない人も多くいます。求められる笑いをうみ出さなければ人気者になれない、厳しい世界です。

もっと! 漫才マンガ

『芸人交換日記』

甲本、田中の漫才コンビ・イエローハーツは、結成11年にしていまだ無名。注目を集めたい二人は、おたがいの本音をぶつけ合う交換日記を始める。

東直輝/画 鈴木おさむ/原作 講談社 ヤンマガKCスペシャル 全4巻

流行をとらえた、日本独自の絵画

浮世絵

Ukiyoe

上巻より　©杉浦日向子／筑摩書房

『百日紅』

杉浦日向子／作
筑摩書房
ちくま文庫
上下巻

浮世絵師・葛飾北斎とその娘お栄は、浮世絵をえがいてくらしていた。お栄は、そのすぐれたうでで父の浮世絵づくりを支える。

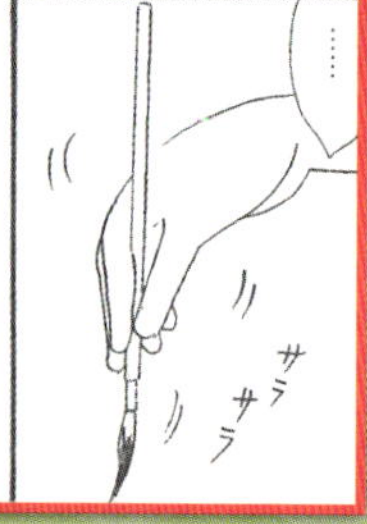

下巻より　©杉浦日向子／筑摩書房

ココが名場面

父・北斎の代わりに浮世絵をえがいていたお栄。絵には父の名前を入れていましたが、ある日浮世絵づくりを依頼してきた版元（出版社）の人から、自分の名前で仕事ができるほどの実力だといわれます。そこでお栄は、初めて作品に自分の名前を記します。

お栄が、父にもおとらないすぐれた浮世絵師であることが伝わる場面です。

浮世絵なんでもデータ

これ、なんの数字？　**そば１杯分**

江戸時代の浮世絵１枚の値段。今のお金におきかえると１枚400円くらいです。

ニッポン文化再発見！ 浮世絵ってなに？

浮世絵は昔のブロマイド

「浮世」とは、昔の言葉で「今風の」などの意味があります。浮世絵は当時の人々の生活をテーマにし、景色や人物、演劇の場面などをえがいた絵です。線でりんかくをえがき、顔料で色をつけて仕上げます。肉筆画（筆で直接えがいた絵）も浮世絵の一つですが、多くの場合は浮世絵師が絵をえがき、彫師が版木をほり、すり師が印刷する版画作品をさします。

写真やテレビ、インターネットなどがない時代に、浮世絵は今のアイドルのブロマイドや観光パンフレット、芝居のプログラムなどと同じような役割をもっていました。現在では、浮世絵は、かつての人々のくらしを知る貴重な資料となっています。

大量に生産・販売された浮世絵

浮世絵の誕生は、江戸時代初期といわれています。この時代は、白黒の版画と肉筆画が中心で、菱川師宣による肉筆浮世絵『見返り美人図』がよく知られています。

江戸時代後期になると、多色ずり（16ページで紹介）の錦絵が登場し、浮世絵は庶民の間で流行します。当時は、版元とよばれる出版社でつくられ、その店頭で大量に販売されました。

明治時代に入ると、文明開化の様子をえがいた「開化絵」とよばれる浮世絵が流行します。やがて写真や新聞が登場し、浮世絵はえがかれなくなりました。しかし、江戸時代・明治時代の浮世絵は高い芸術性をもった日本独自の絵画として、現在も世界的に人気があります。

浮世絵の道具

版木
かたくてゆがみにくいヤマザクラの木が使われ、色ごとに多くの版木がつくられた。

のみ・小刀
細かい線を忠実に再現するために、大きなのみから細い小刀まで、さまざまな刃物が使い分けられる。

ばれん
和紙を版木の上にのせてすりつける道具。こすり方によって色ののり方が変わり、浮世絵のできも変わってくる。

和紙
あざやかな色が出るうえ、わずかなにじみなどが、浮世絵独特の雰囲気をうみ出す。

顔料
浮世絵に色をつけるときに使う。鉱物や植物などからとれるさまざまな顔料を使い分ける。

はけ
版木の上にのせた顔料をのばす道具。馬の毛でできている。

浮世絵の種類

◀美人画
芸者など、美人をえがいた浮世絵。町娘がえがかれることもあった。
『寛政三美人』（喜多川歌麿）
メトロポリタンミュージアム蔵

▶役者絵
歌舞伎などの役者をえがいた浮世絵。もっとも多くつくられた。
『市川鰕蔵の竹村定之進』（東洲斎写楽）
写真：光ミュージアム

◀名所絵
全国の観光地をえがいた浮世絵。絵葉書やパンフレットのような役割があった。
『東海道五十三次　沼津』（歌川広重）　郵政博物館収蔵

もっと知りたい！ 浮世絵 Ukiyoe

1900年代以降、制作が少なくなった浮世絵でしたが、最近は伝統的な技術を受け継ぎながら、新しい浮世絵をうみ出す試みも行われています。

現代に受け継がれる浮世絵

明治時代に入ると、西洋の印刷技術が日本に伝わり、1890（明治23）年には写真が印刷できるようになりました。写真のように本物に近いものをえがくことが難しく、完成までに時間がかかってしまう浮世絵は、少しずつつくられる数がへっていきます。

1900年代に入ると、浮世絵がつくられることはほとんどなくなりました。しかし、現在でも、西洋の有名な画家たちにも影響をあたえたとして世界的に高い評価を受けています。そこで、浮世絵を日本の文化として見直し、その伝統的な技術を伝えていこうという人たちも増えています。

今では、伝統的な絵柄の浮世絵を再現するだけでなく、今日の街なみや人物を題材にした現代浮世絵作家も現れ、次々と新しい作品を発表しています。

ぼかし

うすい色からだんだんこい色に変わる、グラデーションの技法。

◀『新東都名所　芝の大塔』（山口晃）
現代の浮世絵の一例。東京タワーをメインに、現代の景色を浮世絵でえがいている。江戸時代の浮世絵と同じ方法でつくられている。
2014
木版画（手摺り）
39.2 × 26.9 cm
制作：アダチ版画研究所
©YAMAGUCHI Akira, Courtesy Mizuma Art Gallery

多色ずりの順序

多色ずりは３色以上の色を重ねてする方式で、カラフルな浮世絵に仕上がります。色をつけるときに１色ずつすり重ねていきます。

りんかくと波を黒色でする。そこに、舟のはだ色、空のあわい紅色をそれぞれすり重ねる。

舟、空の色をすり重ねた絵に、波の水色をすり重ねる。

舟、空、うすい波の色が入った状態の浮世絵が完成。

ポイント

りんかくなどをすった後は、する面積の小さい色や、うすい色から順にする。

東京都新宿区
アダチ版画研究所

浮世絵の技術を受け継ぐ職人をかかえる、日本でただ一つの伝統木版画の工房です。江戸時代から続く浮世絵の制作技術を受け継ぎながら、現代美術のアーティストの協力のもと、新しい浮世絵の可能性を追求する活動を続けています。また、技術を次の世代へつないでいくため、職人の育成にも力を入れています。

画像提供：公益財団法人アダチ伝統木版画技術保存財団

世界から見てみよう

浮世絵は、江戸時代、輸出された陶器のつつみ紙に使われ、ヨーロッパの人々に知られるようになります。西洋絵画になかっただいたんな構図や色づかいなどが評価され、ゴッホやモネなどの多くの画家に影響をあたえました。

ゴッホ(フランス)

歌川広重の浮世絵『亀戸梅屋敷』(左)を油絵で模写した作品。絵の周囲には、漢字をまねた文字が書きこまれている。

▲『亀戸梅屋敷』
(歌川広重)
国立国会図書館蔵

▲『江戸内大木(花咲く梅ノ木)』
(フィンセント・ファン・ゴッホ)
写真:Van Goh museum

モネ(フランス)

日本風の衣装を着こみ、扇子を持っている。人物の後ろには、うちわがえがかれている。美女がこちらをふり返っている様子は、菱川師宣の『見返り美人図』を思い起こさせる。

『ラ・ジャポネーズ』▶
(クロード・モネ)
写真:ボストン美術館

ゲームやマンガと浮世絵が合体

日本の名作ゲームやマンガに登場するキャラクターをヒントにして浮世絵風にえがいた「浮世絵ヒーローズ」が、世界中で注目を集めています。これらの作品は、アメリカ人のジェド・ヘンリーさんと、25年以上日本に住んでいるカナダ人木版画師のデービッド・ブルさんによってうみ出されました。

北斎のパフォーマンス

▲あるとき、北斎は畳120枚分の大きさの紙にだるまの絵をえがく。(上巻より)
©杉浦日向子/筑摩書房

北斎は、畳120枚分の特大の紙に、わらを束ねた大きな筆で大だるまをえがくパフォーマンスを行いました。絵の全体像を見ないでえがいた大だるまの絵からは、画家としての北斎の力量が伝わります。

人気浮世絵師、歌川国芳

江戸時代に活やくした歌川国芳は、人気の浮世絵師でした。武士の姿をえがいた「武者絵」などの豪快な作品が評判となりました。

©崗田屋愉一/日本文芸社

もっと! 浮世絵マンガ

『大江戸国芳よしづくし』

商人の佐吉は、人気浮世絵師・歌川豊国の弟子の一勇斎国芳と出会う。国芳の浮世絵の才能を見ぬいた佐吉は、国芳を支援することに。

崗田屋愉一/作　日本文芸社　ニチブンコミックス　全1巻

子どもも大人も夢中になって読む！

マンガ

Manga

5巻より　©島本和彦／小学館　ゲッサン

『アオイホノオ』

島本和彦／作
小学館
ヤングサンデーコミックス
1～17巻（既刊）
©島本和彦／小学館　ゲッサン

マンガ家になるという野望をもつ芸大生のホノオ（焔燃）。同年代やプロのマンガ家たちにしっとしながら、自分の道をさがし続ける。

ココが名場面

ホノオはＳＦ映画『スターウォーズ2』を見に行きますが、あまり楽しめませんでした。もやもやした気持ちのまま、「世の中をひっくり返すＳＦ作品」をかくために原稿に向かいます。

絵を上手にかけるだけでは、マンガ家にはなれません。マンガ家をめざす人は、長い時間一人で原稿用紙と向き合い、物語を考えます。

1巻より　©島本和彦／小学館　ゲッサン

マンガなんでもデータ

これ、なんの数字？　**4億7000万冊**

マンガ雑誌の１年間のおおよその発行部数（2016年）。日本人一人あたり、年に約４冊読んでいる計算です。

ニッポン文化再発見！ マンガってなに？

絵とセリフで物語を表現する

現在、「マンガ」といえば主に、いくつものシーンを「コマ」に分けてえがき、物語を表現したものです。登場人物などのセリフはフキダシに入っています。こうしたマンガは「ストーリーマンガ」や「コミック」ともよばれます。

ストーリーマンガが登場する前は、マンガといえば、絵にユーモアや風刺をこめたものや、気の向くままにえがかれた絵のことでした。

マンガは、ペンとインクで紙にかいた絵に、スクリーントーンなどで影や模様をつけ、仕上げます。最近では、コンピュータでマンガをかくマンガ家も増えています。

また、近年では、インターネット上で発表される「電子コミック」が人気になっています。

手塚治虫以後発展した日本のマンガ

コマ割りのマンガは、1800年代にスイス人のテプフェールによって考案されたといわれています。1900年代になると、アメリカを中心に「コミック・ストリップ」とよばれるストーリーマンガがつくられるようになりました。

日本でも、コミック・ストリップの影響を受けて、ストーリーマンガがかかれるようになります。昭和時代になると、『のらくろ』などの児童マンガが大ヒットしました。

第二次世界大戦後には、手塚治虫が効果線や不規則なコマ割りなどを使った、よりストーリー性の強いマンガをかきました。その後、手塚の影響を受けた多くのマンガ家たちの手で、日本のマンガは発展をとげています。

必須アイテム

原稿用紙

インクがのりやすく、にじみにくい専用の紙が使われる。基本のわくが、うすい青色であらかじめ印刷されているものが多い。

インク

線をかくときに使う黒いインク。墨汁を使うこともある。修正するときには、ホワイトか修正液を使う。

ペン

インクをつけて線をかく。線の太さによって、いくつかの種類を使い分けることが多い。

スクリーントーン

さまざまな模様が印刷された半透明のシート。絵にはりつけて使う。

雲形定規

曲線をきれいにかくための定規。一つでゆるやかな曲線も急な曲線もかける。

マンガのルーツと歴史

▲『鳥獣人物戯画』
平安時代の絵巻物で、人や動物をユーモラスにえがく。日本最古のマンガともいわれる。

高山寺所蔵　画像提供：東京国立博物館　Image : TNM Image Archives

◀『北斎漫画』（部分）
絵の勉強をする人のための見本帳。葛飾北斎によってかかれた。人物や動植物、妖怪など、4000もの絵が収録されている。

写真：東京都歴史文化財団イメージアーカイブ

もっと知りたい！ マンガ Manga

外国のマンガにはない魅力をもった日本のマンガは、世界各国の言語にほん訳されて、世界中で読まれています。マンガは、日本の代表的な文化の一つとして、世界中で受け入れられています。

海外に日本の文化を広げるマンガの力

日本のマンガは独自に発展し、1990年代にマンガ雑誌の人気はピークをむかえます。1995（平成７）年には、年間発行部数が16億冊に達しました。

そのころ、日本のマンガは世界中の国々にさかんに輸出されるようになっていきます。海外のマンガには見られない多様なストーリーや細かいかきこみなどでたいへんな人気を集めるようになりました。『ドラゴンボール』や『ONE PIECE』、『NARUTO－ナルト－』などの作品は、国内外で高い人気をほこっています。

また、日本のマンガを読んで、日本そのものに興味をもつ人が世界中にたくさんいます。マンガは、読んでおもしろいだけでなく、日本のさまざまな文化を世界に紹介する役割も果たしています。

英語版

外国人にわかりやすいようにタイトルが変更され、表紙のデザインも変わっている。

©青山剛昌／小学館 1994

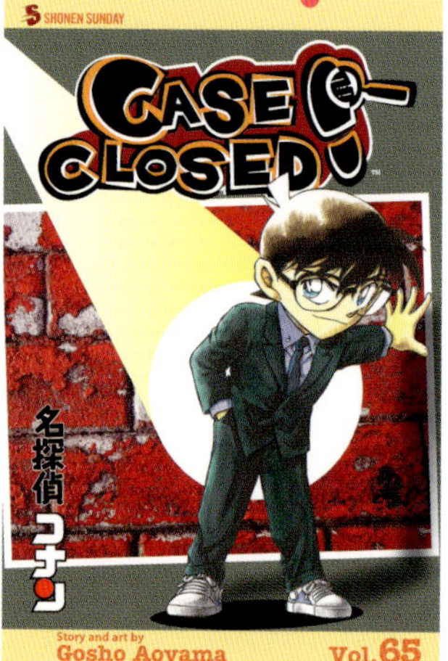

©1994 Gosho AOYAMA／SHOGAKUKAN

▲『名探偵コナン』65巻と英語版の『CASE CLOSED』vol.65。英語版タイトルの『CASE CLOSED』は、「事件は解決した」という意味。

マンガから生まれた新しい文化

マンガ好きの人たちによって同人誌がさかんにつくられたり、マンガのキャラクターを使ったゲームやグッズがつくられたりしています。

同人誌

書店で売る目的ではなく、自分たちで自由に創作して発行しているマンガ雑誌や画集などのこと。毎年、即売会が行われている。

キャラクターゲーム

マンガのキャラクターやストーリーを生かして、たくさんのゲームがつくられている。逆に、人気ゲームがマンガ化されることもある。

キャラクターグッズ

マンガに登場するキャラクターの、さまざまなグッズがつくられている。全国各地にキャラクターグッズの専門店があるほど人気。

京都府京都市
京都国際マンガミュージアム

マンガに関する総合ミュージアムとして、2006（平成18）年に開館しました。貴重な資料を30万点も収蔵していて、そのうち５万点を、自由に読むことができます。訪れる人の約１割は外国人です。館内の展示解説には、英語での解説もあるので、外国人も楽しめます。

写真：京都国際マンガミュージアム

世界から見てみよう

マンガは世界各国でかかれていますが、好まれる表現方法は国ごとにさまざまです。アメリカのアメコミを筆頭に、多くのマンガは、子どもに人気です。しかし、フランスのバンド・デシネのように、大人向けのマンガもあります。

アメコミ（アメリカ）

アメリカン・コミックスの略。数十ページのうすい本で、1冊に1作品が収録されているものが多い。『スーパーマン』や『スパイダーマン』など、スーパーヒーローをかいた作品が人気。

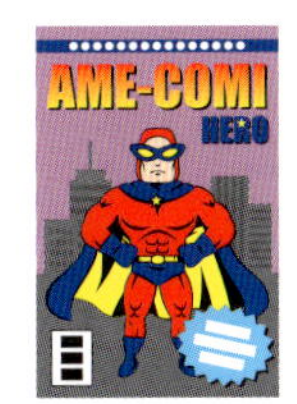

バンド・デシネ（フランス・ベルギー）

芸術性の高い、絵本のような絵でかかれるのが特徴。想像力をはたらかせて読まなくてはいけないので、大人向けのプレゼントとしても人気がある。

漫画（中国）

かつては日本のマンガがよく読まれていたが、最近は、国をあげて自国のマンガの発展をおし進めている。日本のマンガの影響を受けた中国人マンガ家が、次々と作品を発表している。

世界第2位のマンガ消費国フランス

フランスのマンガ消費量は、日本に次いで世界第2位です。なかでも日本のマンガは圧倒的な人気をほこっていて、今では「manga」という言葉が、そのまま通用するほど、人々の生活にとけこんでいます。また、最近ではパリを中心に、マンガに関するさまざまなイベントが開かれています。

ジャンルが多彩な日本のマンガ

▲マンガ賞の選考にもれ、自分は学園マンガをかくべきだったと思うホノオ。（4巻より）　©島本和彦／小学館　ゲッサン

「学園マンガ」とは学校を舞台にしたマンガのことで、多くの読者が共感しやすいという特徴があります。ほかにもスポーツ、SF、恋愛、ギャグ、アドベンチャー（冒険）、歴史、ミステリーなど、日本のマンガには多くのジャンルがあります。

マンガ家になってからも勝負

雑誌では、人気のないマンガは、完結する前に「打ち切り」になります。厳しい競争のなかから、おもしろいマンガが生まれるのです。

もっと！ マンガ家マンガ

『バクマン。』

©小畑健・大場つぐみ／集英社

真城最高と高木秋人は、二人組のマンガ家。雑誌の連載をかけて戦うライバルたちと、ときに支え合いながらマンガづくりにはげむ。

小畑健／漫画・大場つぐみ／原作　集英社　ジャンプコミックス　全20巻

高い技術と表現力で世界に広まる！

アニメ

Anime

『アニメタ！』

花村ヤソ／作
講談社
モーニングKC
1～4巻(既刊)

絵がヘタなのに、熱意だけでアニメーション制作会社に入った真田幸。アニメーターの基礎を徹底的にたたきこまれていく。

1巻より　©花村ヤソ／講談社

2巻より　©花村ヤソ／講談社

ココが名場面

動画がきれいに動くように、原画と原画の間の絵をえがく仕事をする真田。映画の仕事は少しのブレも許されないと言われた場面です。映画はテレビより画面が大きいため、絵が少しでもずれてしまうと、スクリーンでは大きなブレとなってしまいます。

アニメーターには、作画の速さと正確さの両方が求められます。

アニメなんでもデータ

これ、なんの数字？　**1917年**

日本最古のアニメがつくられた年（大正6年）。マンガ家や画家が、それぞれ短編アニメを発表しました。

ニッポン文化再発見！ アニメってなに？

静止画像をつないでつくる

アニメは、アニメーションという英語を短くした言葉です。少しずつ変化する静止画像を何枚も連続して映し出すことで、絵を動いているように見せる映像技法をさします。

かつてのアニメは、「セル」とよばれる透明シートに絵をえがき、それを撮影してつくっていました。このアニメをセルアニメといいます。しかし、最近はコンピュータで画像をつくり、動かすことがほとんどです。これを、デジタルアニメといいます。さらに、絵を立体的に見せられる３ＤＣＧアニメなども登場しています。

そのほかにも、ねんどでキャラクターをつくって撮影するクレイアニメ、連続写真を使ったピクシレーションなどの手法もあります。

テレビアニメが大人気に

アニメはまず映画作品として登場しました。初期のものでは1906年のアメリカ映画『愉快な百面相』が有名です。切り絵を用いるなど、さまざまなアニメの手法が使われています。

日本で初めて本格的なアニメがつくられたのは、1917（大正６）年のことでした。その後、第二次世界大戦中には日本軍が戦意を高める内容の長編アニメを制作するようになり、日本のアニメの技術は大きく進歩しました。

1950年代にテレビが登場すると、テレビアニメがつくられるようになります。1963（昭和38）年には、初のテレビアニメシリーズ『鉄腕アトム』が放送されて人気となり、アニメ人気が高まりました。

必須アイテム

背景
人物や物などの後ろの風景。場面に応じて、原画や動画とは別にえがかれる。

音声・音楽
映像に合わせて、音声や音楽をつける。音声は、声優が映像を見ながら演じたセリフを録音（アフレコ）する。

脚本
アニメのストーリーやセリフ、登場人物などの動きを示したもの。

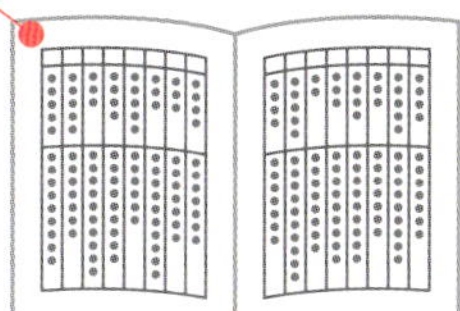

原画・動画
場面の一つひとつをえがいたものを「原画」、原画と原画の間をつなぐ絵を「動画」という。コンピュータに取りこんで色をつける。

アニメのルーツと歴史

▲幻灯機。江戸時代、和紙に絵を映す「写し絵」という芸能に使われた。写し絵は今のアニメに近いものだった。早稲田大学演劇博物館蔵

▲『なまくら刀（塙凹内名刀之巻）』。1917年に公開された現存する日本最古のアニメーション。
東京国立近代美術館フィルムセンター蔵

もっと知りたい！アニメ Anime

独自に発展してきた日本のアニメは、内容のおもしろさや技術の高さ、豊かな表現力が海外でも認められています。100か国以上の国で放送されている作品もあり、世界中に人気が広がっています。

世界でも大人気の日本のアニメ

日本のアニメは、日本国内だけでなく、世界中で人気があります。きっかけは、1963（昭和38）年にテレビアニメの『鉄腕アトム』がアメリカに輸出されたことでした。その後、多くのアニメ番組がアメリカやヨーロッパなどに輸出されています。

アニメ映画も、1970年代以降、アニメ番組の拡大版として次々につくられました。その後、日本人のアニメ映画監督によるオリジナル作品も多くうみ出されました。そのヒットにより、日本のアニメ映画は、世界的に注目を集めることになりました。

現在、日本のアニメ番組は、多くの国で放映されています。アニメ映画も世界各国で上映され、熱狂的なファンも増えています。日本のアニメは、世界に大きな影響をあたえているのです。

▲アニメ映画『君の名は。』が公開された当時のアメリカ。映画館前に行列ができている。 撮影：鈴木淨 ©NTTドコモ dmenu映画

アニメ番組ができるまで

テレビアニメは、さまざまな会社が協力してつくり上げます。アニメ制作を効率よく進めるために、分担して作業をしています。

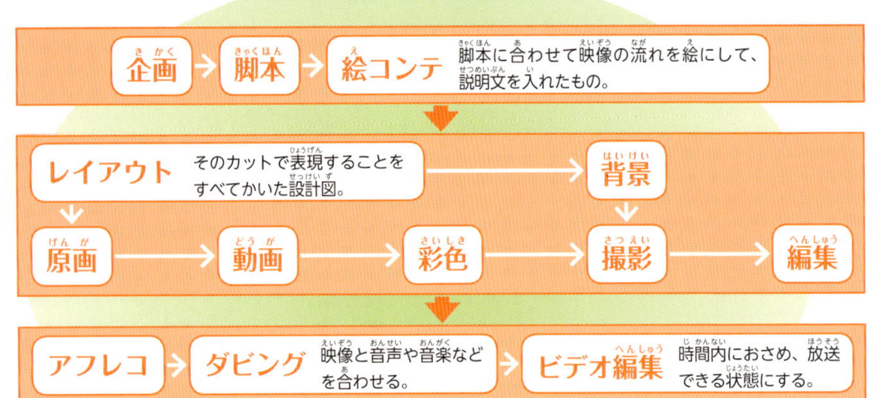

東京都三鷹市
三鷹の森ジブリ美術館

スタジオジブリのアニメーション美術館。『千と千尋の神隠し』や『となりのトトロ』など、よく知られたアニメ作品の世界が体験できます。また、アニメのしくみや制作スタジオに関する展示があるほか、ここだけでしか見られない短編アニメの上映なども行われています。

©Museo d'Arte Ghibli

※入場は日時指定の予約制です。

世界から見てみよう

アニメは日本だけの文化ではありません。アメリカではカートゥーンとよばれる、子ども向けアニメが多くつくられています。また、チェコの人形アニメは、世界的にも有名です。

カートゥーン(アメリカ)

主に子ども向けで、動物を人間のように表現したキャラクターや、正義の味方が主人公である場合が多い。日本のアニメ番組に比べると、基本的にストーリーも単純でわかりやすい。

人形アニメ(チェコ)

人形を少しずつ動かして撮影し、それをつなぎ合わせて、人形が動いているかのような映像にする。チェコの人形アニメは1930年代に始まり、芸術性の高い短編アニメ映画をつくり出した。

『あおねこくんとしろひげくん』
ヘルミーナ・ティールロヴァー

画像提供：アットアームズ

中国アニメ(中国)

日本のアニメ制作で得た作画技術などをもとに、国の後おしで制作数を増やしている。日本のアニメ映画と比べると、子ども向けアニメが多いのが、特徴の一つ。

フランスの「ジャパン・エキスポ」でも大人気

日本のアニメは、フランスでも人気があります。2000(平成12)年からフランス各地で毎年開かれている日本文化の博覧会「ジャパン・エキスポ」では、特にアニメ関連の展示やイベントが人気です。アニメグッズの販売などのほか、コスプレ(→26ページ)大会なども開かれます。

自然な動きをつくる技術

▲真田の同期が原画のトレースを師匠の富士に提出すると、0.2㎜のズレを指摘される。(1巻より)

アニメは、絵を連続で再生することで、動いているように見せるものです。絵の線が鉛筆線半分でもずれれば、キャラクターの動きが不自然になります。自然な動きに見せるには、細かい部分にまで気を配ってえがくことが重要です。

部活でアニメ制作

アニメをつくるのは、それを職業とする人々だけではありません。趣味でアニメをつくり、動画サイトで公開する人も多くいます。

もっと！アニメマンガ

『ハックス！』

阿佐実みよしは、高校の新入生歓迎会で見たアニメに感動し、アニメーション研究部に入部。部のメンバーとともにアニメ制作に挑戦する。

今井哲也／作　講談社　アフタヌーンKC　全4巻

キャラクターになりきって楽しむ

コスプレ

Cosplay

3巻より　©佐久間結衣／講談社

『コンプレックス・エイジ』

佐久間結衣／作
講談社
モーニングKC
全6巻

片浦渚はコスプレが趣味の26歳。高校時代からコスプレにのめりこむが、年れいを重ね、趣味との向き合い方になやみをもつようになる。

ココが名場面

「ウルル」というアニメキャラクターのコスプレをしてイベントに参加している「凪」こと渚が、ウルルになりきって話す場面。

コスプレでは、キャラクターの服装や髪形、アイテムをまねるだけでなく、話し方や決めゼリフ、ポーズまでかんぺきにまねて、キャラクターそのものになりきることも楽しみの一つです。

1巻より　©佐久間結衣／講談社

コスプレなんでもデータ

これ、なんの数字？　**34か国・地域**

世界コスプレサミット2017への出場国数。2017（平成29）年大会の優勝は中国代表でした。

ニッポン文化再発見！ コスプレってなに？

マンガやアニメの登場人物になりきる

コスプレとは、マンガやアニメ、ゲームなどの登場人物のふん装をすることです。登場人物の服装や持ち物などを再現して身につけ、キャラクターになりきります。一人だけでなく、仲間と集まって楽しみます。

また、マンガやアニメなどの同人誌（20ページで紹介）を販売するコミックマーケット（コミケ）や、各地で開かれているコスプレイベントに参加することもあります。

コスプレ衣装は、かつては自分でつくるしかありませんでした。最近は、コスプレ人気にともなって、専門店やインターネットなどで買うこともできるようになりました。コスプレは、気軽に楽しめるものになってきています。

世界に広がるコスプレ文化

コスプレは、もともとは「コスチューム・プレイ」といって、1960年代にアメリカで始まったといわれています。初めは、イベントでＳＦ映画などの登場人物のふん装をするというものでした。同じころ、アメリカの影響を受け、日本でも同じようなふん装がＳＦファンの間で行われるようになります。1980年代にはコミックマーケットを中心にさかんに行われるようになり、コスプレという言葉が生まれました。

現在、コスプレ文化は海外にも広がり、世界各国でさまざまなイベントが開かれるようになっています。「コスチューム・プレイ」の略語で、日本だけで使われていたコスプレという言葉は、世界中で通用する言葉になりました。

必須アイテム

ウィッグ
かつらのこと。マンガやアニメの登場人物は、個性的な色や形の髪形をしていることが多いので、コスプレには欠かせない。

衣装
自分でつくる場合もあれば、専門店で買うこともある。布だけでなく、プラスチックや段ボールなど、さまざまな素材が使われる。

小道具
マンガやアニメの登場人物が持っている武器や持ち物などの小道具の形も、そっくりに再現する。

メイク道具
登場人物になりきるため、顔にメイクをほどこすことが多い。

コスプレの世界大会

▲世界コスプレサミットの「コスプレチャンピオンシップ」の表彰式。世界コスプレサミットは、2003（平成15）年に名古屋で始まった。チャンピオンシップでは、舞台上でコスプレをして、パフォーマンスを競う。

写真：株式会社WCS

すぐれた技術で夜空を美しくいろどる

花火

Hanabi

1巻より ©関達也／日本文芸社

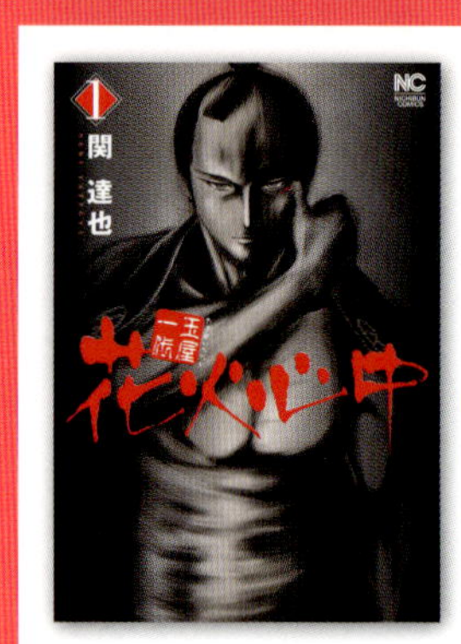

『玉屋一代 花火心中』

関達也／作
日本文芸社
ニチブンコミックス
全2巻

©関達也／日本文芸社

幼いころに見た花火に心をうばわれた清七。自分の追い求める花火をつくるために、「玉屋・壱兵衛」として花火師になる。

1巻より ©関達也／日本文芸社

ココが名場面

「塩硝」という、花火の材料を手に入れた壱兵衛が、手筒花火を披露する場面。手筒花火とは、筒に火薬をつめ、人がかかえて上げる花火で、火がふき出すタイプのものです。

花火を美しく仕上げるには、塩硝の質が重要になります。材料にこだわり、選びぬくことで、より美しい花火をつくり上げるのも職人の技です。

花火なんでもデータ

これ、なんの数字？ **750m**

4尺玉（40号玉）が開いたときの花火の直径。打ち上げる玉の直径は約120㎝、重さは400kgあります。

ニッポン文化再発見！ 花火ってなに？

火薬を燃やしたり、爆発させたりする

花火は、火薬を燃やして発光させ、色や形を楽しむものです。空高く上がる「打ち上げ花火」と、手元で楽しむ「おもちゃ花火」があります。

打ち上げ花火には、火薬をつめた「花火玉」が使われます。花火玉をつくるには、まず紙でできた「玉皮」の内側に、「星」とよばれる、火薬と金属の粉を混ぜてかためた小さな火薬の玉をならべます。そして、「割薬」という火薬を入れます。星をつくるとき、金属の種類や組み合わせを変えることで色のちがいを出し、星のならべ方でさまざまな形を表現します。

花火玉には、２寸玉（直径約６㎝／２号玉）から、４尺玉（直径約120㎝／40号玉）までさまざまな大きさがあります。

江戸時代に初めて開かれた花火大会

大昔の中国では、遠くにいる人に情報を伝えるために「のろし」とよばれるけむりを使いました。これが発展して、花火になったといわれています。

日本には、室町時代半ばに中国から伝わったとも、室町時代の末にヨーロッパからてっぽうとともに伝わったともいわれています。江戸時代におもちゃ花火が人気を集めると、大型の花火がつくられるようになり、打ち上げ花火へと発展します。1733（享保18）年には、江戸幕府の将軍・徳川吉宗が飢えや伝染病でのぎせい者をとむらうため、大川（隅田川）で水神祭を開きました。これが隅田川花火大会の始まりで、全国の花火大会のルーツとなりました。

必須アイテム

（打ち上げ花火の場合）

割薬
空中で勢いよく爆発し、玉の中の星を夜空に広げる役目を果たす火薬。

星
燃えながら夜空に広がって、さまざまな模様をつくる火薬。ふくまれている金属によって、色のちがいを出す。

玉皮
玉の一番外側の部分。紙でできている。半球の状態で中に火薬をつめた後、はり合わせる。

導火線
打ち上げと同時に火がつくしかけになっていて、空中で割薬に火がつく。

シントル
点火剤。花火を打ち上げるときに、花火玉を入れた筒の中に投げこんで、導火線に火をつける。

▲**手持ち花火（ススキ花火）**
おもちゃ花火の一つ。第１薬から第３薬までは、ちがう火薬が入っていて、花火の色が変化する。火薬がもれないように底止めしてある。

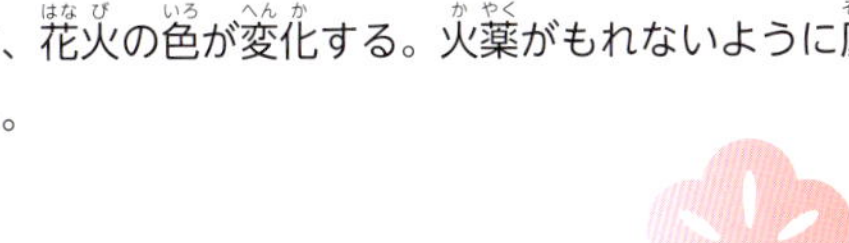

花火の歴史

◀**『東都名所両国花火ノ図』（歌川広重）**
隅田川の両国花火大会で、屋形船や納涼船にのり花火をながめる客の様子などがえがかれている。
東京都立図書館蔵

もっと知りたい！ 花火 Hanabi

日本では、毎年夏になると各地で花火大会が開かれるほか、伝統花火を使った火祭りなどの行事も、全国で行われています。また、最近はイベントで演出効果に花火が使われることも多くなっています。

祭りやイベントに欠かせない花火

江戸時代の水神祭から始まった花火大会は、全国へと広がり、現在では日本の夏の風物詩となりました。また、ロケット花火を打ち上げる埼玉県秩父市の龍勢祭りや、若者たちがかかえる火薬をつめた竹筒から、花火がふき出す愛知県豊橋市の三河手筒花火など、伝統花火の行事も各地で行われています。

今では、テーマパークのほか、演劇やスポーツ、博覧会などのさまざまなイベントでも、打ち上げ花火を使った演出が人気となっています。また、イベントのほか、映画やテレビ番組などでもよく使われるのが、色のついた火の粉をふき上げる演出効果用の花火です。

花火は、夏だけでなく、一年を通して、さまざまな場所で見ることができるようになっています。

屋形船
船の上から花火をながめることができる。昔から続く、隅田川花火大会の楽しみ方の一つ。

▲花火大会の歴史を今に伝える隅田川花火大会の様子。

画像提供：墨田区

いろいろなしかけ花火

点火するとさまざまな形や文字が現れるような工夫をした花火を、しかけ花火といいます。しかけ花火は、花火大会などでよく見られます。

スターマイン
いくつもの花火を組み合わせて、連続で打ち上げる。数十発から数百発を打ち上げる、豪華なしかけ花火。

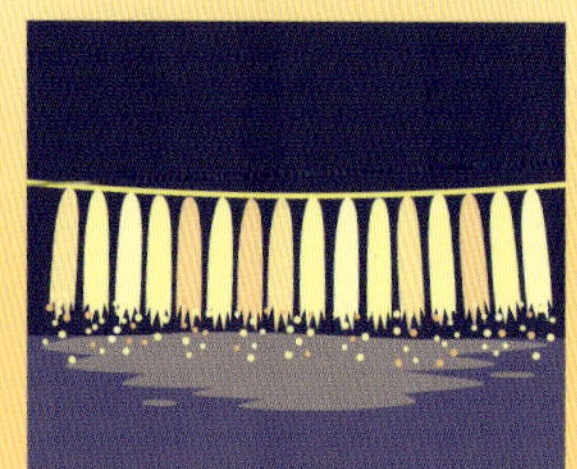

網じかけ
ロープに一定間隔で花火をつるし、いっせいに火をつける。ナイアガラなどが有名。

水上花火
海や川、湖などの水上で半円の形に広がる花火。浮き船に設置した花火に点火するなど、打ち上げ方は数種類ある。

三重県伊勢市

伊勢神宮奉納全国花火大会

三重県伊勢市で1953（昭和28）年から開かれている花火大会で、伊勢神宮に花火を奉納します。打ち上げ花火やしかけ花火など、さまざまな花火が夜空をいろどります。打ち上げる花火の数は、約１万発。全国の花火師たちがうでを競い合うこの大会を見ようと、20万人以上の観客が訪れます。

写真：伊勢市

世界から見てみよう

日本では、夏の風物詩として花火を楽しむ習慣があり、花火大会が毎年開かれています。世界でも、さまざまな行事に花火が使われています。中国とイギリスの例を見てみましょう。

打樹花（中国）

500年の歴史をほこる行事で、とけた鉄を城のかべにぶつけ、火花を散らせることで端午の節句を祝う。河北省の重要無形文化遺産に指定されている。

ガイ・フォークス・ナイト（イギリス）

1605年11月５日、爆薬による国王暗殺が計画されていたが、失敗に終わった。国王の命が救われたことを祝う日として、毎年11月５日に花火を打ち上げる。

イタリアでも人気の日本の花火

イタリアは、14世紀ごろに、ヨーロッパで最初に鑑賞用の花火がつくられた国で、今も花火がさかんです。ただし、決まった花火大会などはなく、祝日などに合わせて打ち上げられています。

そのイタリアでも、高く打ち上がり、けむりの少ない日本の花火は高く評価されています。

大砲や銃と似たしくみ

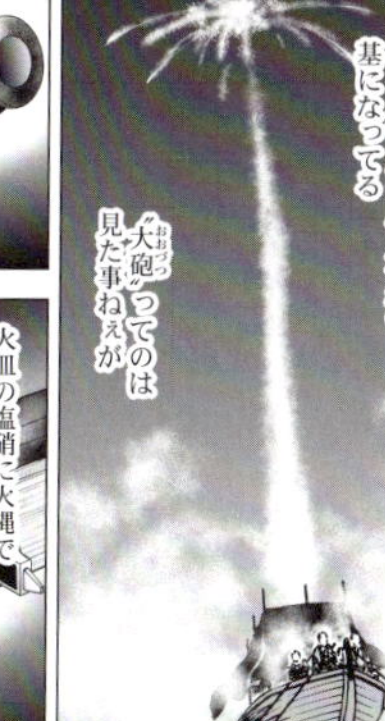

▲火縄銃のしくみから、高く上がる打ち上げ花火をつくれないか考えている壱兵衛。（1巻より）　©関達也／日本文芸社

打ち上げ花火は、大砲や火縄銃と同じようなしくみをしています。花火を打ち上げるとき、まず「打ち上げ筒」の底に火薬を入れ、導火線を下にして花火玉を入れます。そして火をつけると火薬が爆発し、その勢いで花火玉が打ち上がります。

花火師が勤務する「煙火店」

花火師は、煙火店、煙火工場などとよばれる花火工場に勤務しています。そこで専門知識と技術を身につけ、花火をつくって打ち上げ、活やくします。

©木乃ひのき／講談社

もっと！花火マンガ

『刹那グラフィティ』

家族を火事で失い、火がこわくなってしまった刹那煌。花火工場・如月煙火店の息子、如月銀河と出会い、花火師をめざすことを決意する。

木乃ひのき／作　講談社　KCｘ　全４巻

お祝いや願い、感謝を伝える儀式

祭り

Matsuri

2巻より　©七島佳那／小学館

『ナツメキッ!!』

七島佳那／作
小学館
Sho-Comiフラワーコミックス
全8巻
©七島佳那／小学館

東京から愛媛に引っ越してきたナツメ（佐野棗）は、「よさこい」のチームに入り、練習と祭りの日々を仲間とともに過ごす。

ココが名場面

よさこい祭り本番の、ストリートでの演舞の場面。練習場では鳴子の音や曲が反響してよく聞こえていましたが、外ではあまり聞こえません。そこでナツメは、みんなの動きをそろえるために声を出すことを思いつきます。

ナツメのかけ声を聞き、みんなも声を出し始め、チームも活気づきました。祭りは仲間との一体感が味わえます。

2巻より　©七島佳那／小学館

祭りなんでもデータ

これ、なんの数字？　**4t**

青森市の青森ねぶた祭に登場する山車の重さ。
山車は台車をふくめて幅9m、奥行き7m、高さ5mの大きさです。

ニッポン文化再発見！　祭りってなに？

神様にいのり、お願いをする儀式

祭りは、もともと神様に奉仕する儀式です。神社で行われる祭りは、その神社でまつっている神様（祭神）を、神様の乗り物である神輿にうつすところから始まります。担いで練り歩くのは、神様に町の様子を見せて、けがれや災いを追い払ってもらうためと考えられています。そして、舞などの芸能を披露して神様をもてなし、神様へのいのりや感謝の気持ちを表します。

祭りは地域によってさまざまな種類があり、神社だけでなく、寺や市区町村が中心になって行う祭りもあります。有名な祭りにはたくさんの見物客が訪れます。みんなでいっしょになって盛り上がる、イベントとしても親しまれています。

四季それぞれの祭り

祭りが始まったのは、大陸から稲作が伝わった縄文時代の終わりごろといわれています。稲が不作の年には食べるものに困りました。稲の成長を願い、収穫を感謝する気持ちが、やがて豊作を願う祭りへと発展していきました。後に中国から仏教が伝わると、いのりの対象としての神様の存在を信じて祭りが行われました。

日本の祭りは、季節とも深いかかわりがあります。春には豊作を願う祭り、夏にははやり病の原因とされた悪霊を追い出す祭り、秋には収穫を感謝する祭り、そして冬には、1年の無事を感謝して翌年の健康をいのる祭りが主に行われます。人々の願いから、多くの祭りが生まれ、現代まで続いているのです。

必須アイテム

神輿
神社の祭神をうつして移動するときに使う。多くの人々によって担がれる。

祭囃子
祭りのときに演奏する音楽。太鼓、篠笛、鉦などの和楽器が使われる。

山車
人が引いて回る出し物。屋台ともよばれる。花や人形でかざられる。車輪がついていることが多い。

衣装
「はっぴ」や「はんてん」とよばれる服をはおり、「股引」や「半股引」とよばれるものをはくことが多い。

わっしょい

かけ声
「わっしょい」や「そいやそいや」など、祭りや地域によってさまざまな種類がある。

歴史ある祭り

◀博多祇園山笠
福岡市で毎年7月に行われる。700年以上の歴史をもつ。写真は、クライマックスともいえる追い山の様子。8つの山笠が福岡市内をかけめぐる。

写真：博多祇園山笠振興会

もっと知りたい！ 祭り Matsuri

最近は、神様をまつったり、いのったりするだけでなく、地域の活性化や人々の交流を深める目的で行われる祭りも増えています。

地域の活性化につながるよさこい、阿波踊り

地域の人々の交流を深めたり、地域を活性化させたりするために行われる祭りの代表的なものが、「よさこい」や、「阿波踊り」です。

よさこい祭りは、もともと70年近く前から高知市で行われてきた祭りで、踊り手が鳴子を持って踊り歩きます。1990年代、札幌市でよさこい祭りをもとにした「YOSAKOIソーラン祭り」が成功したことにより、全国各地で新しい祭りが開催されるようになりました。

もともと徳島県の伝統芸能だった阿波踊りも、よさこいと同じように全国各地に広まっています。なかでも、東京都の高円寺で行われている阿波踊りは、60年以上続けられていて、規模が大きいことでも知られています。

編笠
「女踊り」は編笠をかぶっておどる。

▲東京都杉並区の高円寺で行われている「東京高円寺阿波おどり」の様子。阿波踊りでは、踊り手のグループは連とよばれている。連は、地域や職場をこえた仲間でつくられることが多い。

写真：NPO法人 東京高円寺阿波おどり振興協会

日本三大祭り

京都の「祇園祭」、大阪の「天神祭」、東京の「神田祭」は、「日本三大祭り」といわれています。

祇園祭
7月に行われる、京都市の八坂神社の祭り。山鉾（山車）が町を進む山鉾巡行が、特によく知られている。

天神祭
菅原道真をまつる大阪市の大阪天満宮で行われる。神輿をのせた船が川をわたる「船渡御」が見どころ。

神田祭
東京都千代田区にある神田明神で、5月に行われる祭り。大小200もの神輿を担ぎ、町を練り歩く。

三重県伊勢市
神嘗奉祝祭

「神嘗祭」は伊勢神宮で10月に行われる祭典です。神様にその年に実ったお米をささげ、国民の平安などをおいのりする行事で、一年でもっとも重要な祭りです。市内では神嘗祭を祝うために、阿波踊りや山形県の花笠踊り、沖縄エイサーなど全国の有名な祭りが集結して神嘗奉祝祭が行われます。

写真：伊勢市

世界から見てみよう

神様にいのりをささげたり、願いをかけたりする祭りは、日本だけでなく、世界中で昔から広く行われてきました。ヨーロッパやアメリカなどでは、特にキリスト教に関係する祭りがさかんです。

クリスマス（世界各地）

毎年12月25日に行われる、キリスト教で救世主とされるイエス・キリストの誕生を記念して祝う祭り。リースやツリーをかざって、当日は、家族で過ごすことが多い。

ハロウィーン（イギリス、アメリカ）

秋の収穫を祝い、悪霊を追い出すという古代ケルト人の祭りがもとになっている。子どもたちが仮装をして近所の家を回り、お菓子をもらう。

リオのカーニバル（ブラジル）

リオデジャネイロで行われる、キリスト教の祭り。はなやかな「パレード」が、世界中から注目される。

ブラジルで青森ねぶた祭

最近、日本の祭りは、海外からの旅行者にも人気となっています。東北を代表する青森ねぶた祭は、古くから海外への派遣を行っています。日本とブラジルの外交関係が樹立されて120周年をむかえた2015（平成27）年には、サンパウロで行われるサンバカーニバルにねぶたの山車が参加しました。

人間のための祭り

▲よさこいチームの仲間の一人である結大が、ナツメによさこい祭りの始まりについて話す。（1巻より）©七島佳那／小学館

神様にささげる儀式だったり、もとは雨ごいのために行われていたものだったりと、祭りの目的はさまざまです。よさこい祭りは、地域復興のために始まった祭りでした。神様のためではなく、人間が人間のために行う祭りもあるのです。

祭りで受け継がれる芸能

祭りでは、伝統芸能が披露されます。その地域に古くから伝わる歌や踊りなどを披露し、受け継いでいくのも、祭りの目的の一つです。

©小玉ユキ／小学館

もっと！祭りマンガ

『月影ベイベ』

富山県に伝わる「おわら」という伝統芸能にほこりをもっている佐伯光。ある日、東京からの転校生、峰岸蛍子が、おわらを完ぺきに踊る姿を目撃する。

小玉ユキ／作　小学館　フラワーコミックスα　全9巻

不気味なものからコミカルなものまで！

妖怪

Yokai

1巻より

『不機嫌なモノノケ庵』

ワザワキリ／作
スクウェア・エニックス
ガンガンコミックスONLINE
1～9巻(既刊)

妖怪にとりつかれた高校1年生男子、芦屋花繪。「物怪庵」の主、安倍晴齋に妖怪をはらってもらったことから、物怪庵ではたらくことに。

ココが名場面

学校で小さな妖怪たちを見つけた芦屋と安倍は、その妖怪の親分のところへ連れていかれます。物怪庵の主・安倍が、妖怪の親分と対面する場面です。親分は子分たちを想い、妖怪が本来いるべき場所である「隠世」に行かせたいと考えていたのでした。芦屋と安倍は、おそろしい姿からは想像できない、親分のやさしい気持ちを知ります。

1巻より

妖怪なんでもデータ

これ、なんの数字？ **100年**

道具などが付喪神という妖怪になる年数。
100年たつとたましいが宿るという言い伝えがあります。

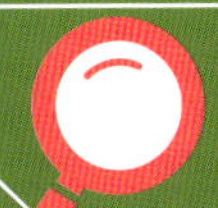

ニッポン文化再発見！ 妖怪ってなに？

すべてのものに神様が宿り、妖怪になる

日本人は、昔から不思議なできごとが起こると、それを何か得体の知れないものの仕業だと考えました。そして、その得体の知れないものを「妖怪」とよんできました。妖怪と似たようなものに「幽霊」がありますが、幽霊は死んだ人が成仏できずに姿を現すものといわれます。幽霊はどこにでも現れ、妖怪はだいたい決まった場所に現れるとされています。

日本人は、自然の中にある山や川、木、石などだけでなく、人間がつくり出したさまざまな道具など、あらゆるものに神様が宿ると考え、「八百万の神」とよんできました。この八百万の神のなかで、力を失ったものの姿が、妖怪とも考えられています。

庶民の娯楽となった妖怪

今から1300年ほど前の奈良時代につくられた、古い歴史書『古事記』や『日本書紀』には、鬼や大蛇などに関する話が書かれています。

平安時代には、妖怪や不思議なできごとに関するさまざまな話がつくられました。また、南北朝時代になると、『土蜘蛛草子絵巻』や『大江山酒呑童子絵巻』など、さまざまな妖怪が絵巻物にえがかれるようになりました。

江戸時代には、妖怪の本が出版され、かっぱなどの妖怪が登場する怪談話を話して聞かせる怪談会なども開かれるようになりました。現在も『妖怪ウォッチ』などの妖怪をテーマにしたアニメが人気を集めており、妖怪に強い関心をもつ人が多くいます。

いろいろな妖怪

天狗

顔が赤く、鼻が高い。山に住み、人をこわがらせたり、こまらせたりする。

鬼

頭に角を、口にはきばを生やしたおそろしい姿で、金棒を持っている。

ざしきわらし

家の座敷や蔵につき、住んでいる人にいたずらをしたり、その家に富をもたらしたりする。

かっぱ

川にすみ、いたずらをしたり、泳いでいる人をおぼれさせたりする。キュウリが大好物。

ろくろ首

ふだんはふつうの女の人に見えるが、夜になると首がのび、「あんどん」という照明器具に使われる油をなめる。

江戸時代の妖怪画

◀『付喪神図』(伝・伊藤若冲)

つくられて100年たった道具に神様や精霊が宿って生まれる妖怪・付喪神の絵。茶わんや水差し、正座しておじぎをしている茶釜などがユーモラスにえがかれている。

福岡市博物館所蔵
画像提供：福岡市博物館／DNPartcom

人々をいやす天然の湯

温泉

Onsen

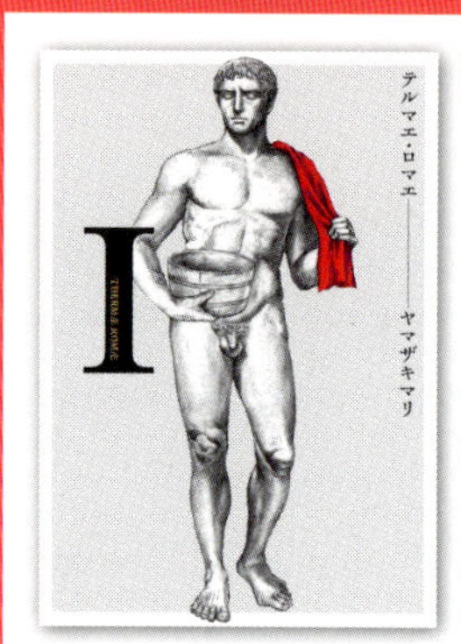

『テルマエ・ロマエ』

ヤマザキマリ／作
KADOKAWA
ビームコミックス
全6巻

古代ローマで浴場をつくっているルシウスは、現代日本にタイムスリップし、日本の風呂文化に感動。その技術をローマの浴場にとり入れる。

3巻より　

ココが名場面

ローマ帝国皇帝から、屋外の浴場づくりをたのまれたルシウス。つくり方を考えていたところ、現代の日本にタイムスリップし、そこで見た日本の露天風呂に感心する場面です。

景色を見ながら湯につかる魅力、屋外で湯を使う方法など、日本の露天風呂からヒントを得て、古代ローマで露天風呂をつくり皇帝を喜ばせます。

1巻より　

温泉なんでもデータ

これ、なんの数字？　**10種類**

温泉にふくまれる化学成分によって決まる泉質の種類。泉質は、単純温泉、塩化物泉など10種類あります。

ニッポン文化再発見！ 温泉ってなに？

温められた地下水がわき出す

温泉とは、地下からわき出る水のうち、温度が25℃以上で、ある決まった化学成分がふくまれるものです。化学成分の種類や量によって泉質が決まります。化学成分の量が一定の値よりも多く、病気の治療に効果があるものを「療養泉」といいます。

火山の地下には、岩石がドロドロにとけた高温の「マグマ」というものがあり、マグマの周辺には温められた地下水があります。この地下水が地上にわき出た温泉を、「火山性温泉」といいます。また、近くにマグマがなくても、地下深くなるほど地熱により地下水の温度は上がります。地熱によって温められた温泉を、「非火山性温泉」といいます。

古くから利用されてきた日本の温泉

日本には多くの温泉があり、日本人は昔から温泉を利用してきました。神話にも登場するほか、飛鳥時代以降、多くの天皇が各地の温泉におもむいたことが記録に残っています。

戦国時代になると、戦で傷ついた兵が治療のために温泉を利用するようになります。江戸時代には、庶民から大名までさまざまな人たちが各地の温泉地をとまりがけで訪れ、温泉を利用して病気やけがを治療する湯治温泉宿も発展しました。

大正時代に入ると、温泉は保養地として開発されるようになりました。現在は、温泉をくみ上げる技術の進歩で、次々と新しい温泉施設がつくられています。

温泉のしくみ

火山性温泉
火山地帯のマグマだまりの熱によって温められた地下水がわき出た温泉。

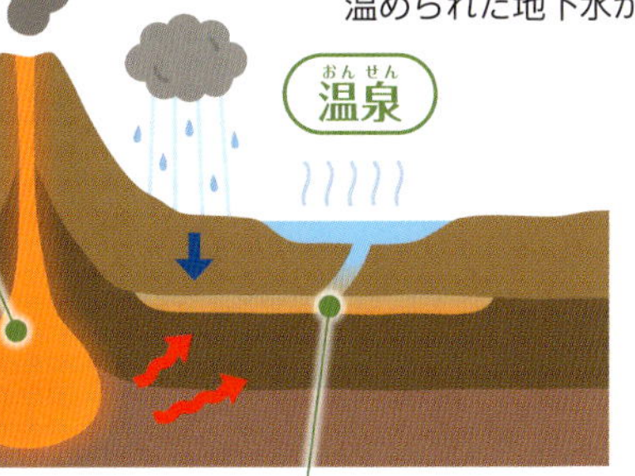

マグマだまり
地下の、大量のマグマがたまっているところ。

非火山性温泉（深層地下水型）
地熱によって温められた地下水がわき出た温泉。

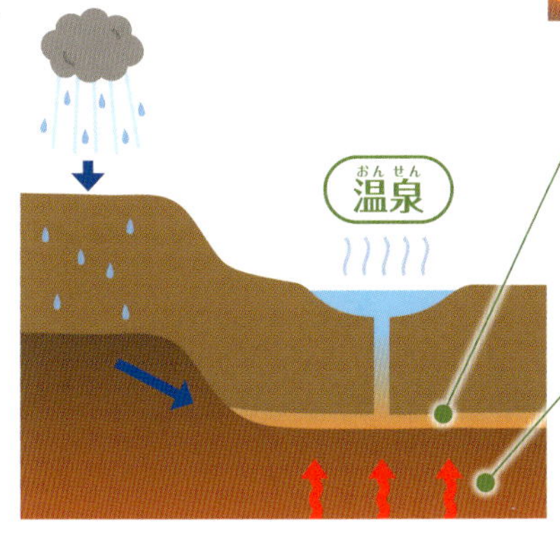

地下水
地表に降った雨水などが地下にしみこんだもの。固い地層の上に満たされている。

地熱
地球内部の熱のこと。マグマの熱が地中を伝わっている。

江戸時代の温泉

▲箱根を代表する７つの温泉「箱根七湯」について書かれた江戸時代の本。上は第６巻にえがかれた底倉温泉の風景。『箱根七湯集』より。　秋田県立図書館蔵

もっと知りたい！温泉 Onsen

温泉には、さまざまな効果があります。その効果を気軽に楽しめるよう、最近は街中でも温泉施設がつくられるようになり、人気を集めています。

温泉がもたらすさまざまな効果

温泉の効果については、昔から研究がされてきました。たとえば温泉に入ると、温泉にふくまれる化学成分が体のさまざまな部分に作用し、筋肉痛や冷え性などの症状をやわらげることが期待できます。また、血行がよくなり、疲労回復の効果があります。お湯の中では全身に水の圧力がかかるため、マッサージ効果もあります。さらに、温泉の浮力によって、体のリラックス効果も得られることがわかっています。温泉の効果は、それぞれの温泉の成分の質や濃度にくわえ、これらの要素が組み合わさって、生まれるものです。

最近は、銭湯などで街中でも温泉を楽しめるようになりました。大浴場のほかに露天風呂やサウナ、娯楽・外食施設などがあるスーパー銭湯も人気です。

温泉水
都市型温泉は、非火山性温泉であることが多い。

▲温泉を利用した銭湯。街中でも温泉を楽しめる。街中にある温泉は、都市型温泉ともよばれる。

写真：蛇骨湯

温泉のマナー

温泉の施設は、自分だけで使うわけではありません。ほかの人にめいわくをかけないように、マナーを守って入ることが必要です。

体を洗う
浴そうに入る前に体にお湯をかける「かけ湯」をする。体をお湯にならし、体を洗ってよごれやあせを落とす。

髪の毛をまとめる
髪の毛のよごれやぬけ毛でお湯をよごさないように、長い髪はゴムなどでまとめ、お湯につからないようにする。

タオルを浴そうにつけない
タオルのせんいやよごれで、お湯をよごさないため、浴そうにつけないようにする。

愛媛県松山市 道後温泉

松山市にある道後温泉は、今から3000年前からあったといわれる、日本でもっとも古い温泉の一つです。神話にも登場しているほか、聖徳太子や多くの天皇が入ったという記録が残っています。また、明治時代の文豪・夏目漱石の小説『坊っちゃん』にも登場しています。

写真：道後温泉

世界から見てみよう

温泉は日本だけでなく世界中にありますが、その楽しみ方は、国によってさまざまです。日本の伝統的な温泉のように、浅い浴そうにゆっくりとつかる習慣は、海外にはあまりありません。いくつか例を見てみましょう。

フリードリヒ浴場(ドイツ)

1877年から営業している日帰り温泉施設。宮殿のような建物の中を決められた順に回る。欧米ではめずらしくはだかで入る温泉で、曜日によって男女がいっしょに入る混浴の日と別々に入る日がある。

温泉(ハンガリー)

温泉がたくさんある国で、約2000年の歴史をほこる。プールのような施設が主流で、水着を着て入る。東京ドームよりも広い湖が、温泉になっている場所もある。

ブルーラグーン(アイスランド)

約5000m²もの広さがある世界最大の露天温泉。地熱で温まった海水を利用している。皮膚病に効果があることで知られ、年間約20万人もの人々が訪れる。水着を着て入る。

日本を手本に開発された温泉

オーストラリアには、日本を訪れたときに温泉に感動した人が開業した温泉施設があります。ペニンシュラ・ホットスプリングスという温泉です。それまで温泉に入る習慣がなかったオーストラリアでは、国内唯一の天然温泉として、人気を集めています。

泉質によって効能が変わる

▲腰を痛めてしまったルシウスは、日本で腰痛に効く温泉に入ることになる。(5巻より)　©ヤマザキマリ/KADOKAWA

温泉は、泉質によって、体にどのように効くかがちがいます。たとえば「炭酸水素塩泉」という泉質は、切り傷や皮ふ病、冷え性などに効能があります。飲むことによって効能を得る「飲泉」ができる温泉もあります。

公共浴場「銭湯」

銭湯は、さまざまな人が料金をはらって風呂に入ることができる公共浴場です。スーパー銭湯とよばれる大規模な銭湯もあります。

©釣巻和/久住昌之(秋田書店)

こっちは! 銭湯マンガ

『のの湯』

銭湯が大好きな鮫島野乃。「銭湯入り放題」の物件を見つけ、そこに住むことに決める。

釣巻和/作　久住昌之/原案協力　秋田書店
少年チャンピオン・コミックス・タップ!　1〜2巻(既刊)

世界でも注目の、成長する芸術作品

盆栽

Bonsai

1巻より ©つるかめ／マッグガーデン

『雨天の盆栽』

つるかめ／作
マッグガーデン
MGC ビーツシリーズ
1巻(既刊)
©つるかめ／マッグガーデン

女子高生の小日向楓は、同級生・雨宮雨天の影響で、盆栽に興味をもつ。そして、苔マニアの水鳥かのんと3人で、盆栽部をつくる。

ココが名場面

盆栽の知識がないために、雨天からもらった苗木をだめにしてしまった楓。「なぜ苗木のことを相談してくれなかったのか」と怒る雨天でしたが、その後、「雨天を悲しませたくなかった」「自分の力で解決したかった」という楓の気持ちを知り、仲直りします。雨天は楓に、まだ教えていなかった「よい盆栽」の条件を話すのでした。

1巻より ©つるかめ／マッグガーデン

盆栽なんでもデータ

これ、なんの数字？ **1000年**

さいたま市大宮盆栽美術館にあるエゾマツの推定の樹齢。「轟」という銘のエゾマツで、堂々とした風格があります。

ニッポン文化再発見！ 盆栽ってなに？

小さなはちに自然を再現

草や木をはちに植え、木の姿などを鑑賞することや、鑑賞用の木を盆栽といいます。盆栽の特徴は、小さなはち植えの中に、自然の姿を再現していることです。盆栽の形は、持ち主のこまやかな手入れによって、つくり出されます。

鑑賞のポイントは、全体の景色（姿）、枝ぶり、葉の茂り方、幹の形や質感、根のはり方などです。幹は、特に根もとから一番下の枝までの「立ち上がり」が重要です。幹が白くなる「舎利」や、枝が白くなる「神」の入り具合によっても味わいが深まります。

根は、しっかりと広がり、地面をつかむ力強さがあるほどいいとされます。枝は、上にいくほど細く、間隔のせまいものがいいものです。

世界中で人気を集める「Bonsai」

盆栽のルーツは、今から1000年以上前の平安時代に中国から伝わった「盆景」というものです。盆景は、お盆などの上に土や石、草木などを使って自然の景色を再現したものでした。

盆栽は、日本に伝わったばかりの平安時代には貴族の趣味でしたが、鎌倉時代以降は武士の趣味として広まったといわれています。

その後、自然と一体になるという考えを重視しながら、育てる技術や鑑賞のポイントなどが確立されていきました。江戸時代になると、盆栽は一般の人の間でもブームになり、てのひらサイズの小品盆栽も登場しました。

現在、盆栽は「Bonsai」として、海外でも高い人気を集めています。

盆栽の基本

樹木
苗木から育てる。花や実をつけるものもある。

盆栽用土
樹木の種類に合わせて、さまざまな種類の土をブレンドして使う。

はち
樹木の種類に似合った形や色を選ぶ。

枝
盆栽を形づくるのに重要な部分。バランスよく形を整えるために、切ったり針金を巻いたりする。

神
枝が枯れて白くなった部分。舎利と同様、盆栽の見どころの一つとなる。

幹
太い根元から、上にいくにしたがって細くなっていく形がよい。

舎利
幹が枯れて白くなった部分。きれいな舎利が盆栽全体の景色をよくする。

盆栽の歴史と名品

▲植木屋をえがいた浮世絵。
『四季花くらべの内　秋』（三代歌川豊国）
さいたま市大宮盆栽美術館蔵

▲五葉松の名品「千代の松」。高さ1.6m、幅1.8mもの大きさで、推定樹齢450年。
さいたま市大宮盆栽美術館蔵

1枚の紙からさまざまな形をつくる

おりがみ

Origami

1巻より　©日下直子／講談社

『ヤマあり
タニおり』

日下直子／作
講談社
ＫＣ Kiss
全3巻
©日下直子／講談社

相田義経は、おりがみ歴16年の内気な高校生。そんな義経が、体育会系の宮本、クラス委員の布施とともに、折り紙同好会を結成する。

1巻より　©日下直子／講談社

ココが名場面

　ある日、義経はたまたま入った店で、箸袋から白鳥を折る高校生に出会います。それを見て義経は、箸袋でオウムを折り、コップにのせてみせました。

　白鳥を折ったのは、別の高校で折り紙研究会を率いる北王子でした。その後、義経にとって北王子は、身近にいるライバルのような存在になっていきます。

おりがみなんでもデータ

これ、なんの数字？　**11月11日**

おりがみの日。
４つの１を、たて横にならべて四角に見立てます。

ニッポン文化再発見！ おりがみってなに？

どんどん複雑になるおりがみ

おりがみとは、紙を折ってさまざまな生き物や道具などの形をつくり上げる、日本伝統の遊びです。主に正方形の紙が使われますが、ほかにもさまざまな形の紙があります。また、紙に切りこみを入れて折ることもあります。

おりがみのなかでも、折り鶴やかぶとなど、昔からあり、受け継がれてきたものを「伝承おりがみ」といいます。

ここ数十年は、芸術性を高めた「創作おりがみ」など、伝承おりがみよりもさらに複雑なおりがみがつくられるようになりました。また、数学の一分野としても研究されています。さらに、コンピュータを使って設計図をつくるなどして、一昔前では考えられなかったほど複雑なおりがみもつくられるようになっています。その結果、現在ではおりがみで折れないものはないとまでいわれるようになっています。

室町時代の礼法がルーツ？

日本では室町時代、目上の人に渡したり、神様に供えたりする物をつつむとき、折り目正しく折った紙でつつむ文化が生まれました。これを、「折り紙礼法」とよびます。この礼法が、おりがみの原型だと考えられています。

折り紙礼法は、武士階級に受け継がれます。江戸時代に、紙が安く手に入るようになると、紙を折ることを楽しみ、折って形をつくる遊びが生まれました。これが発展し、今のおりがみになりました。現在は、世界各国でも日本のおりがみが「ORIGAMI」として人気です。

必須アイテム

おりがみ

正方形のおりがみのほかに、長方形、円といった形の紙でもおりがみをつくることができる。昔ながらの千代紙や、キャラクターイラストの入ったおりがみもある。

江戸時代のおりがみ

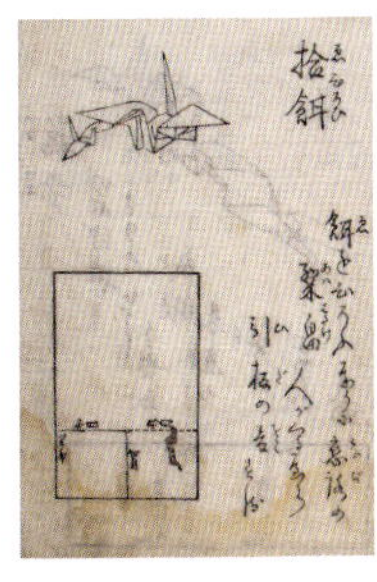

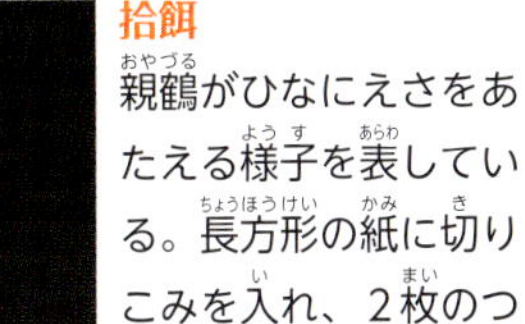

拾餌

親鶴がひなにえさをあたえる様子を表している。長方形の紙に切りこみを入れ、2枚のつながった正方形の紙をつくって折る。

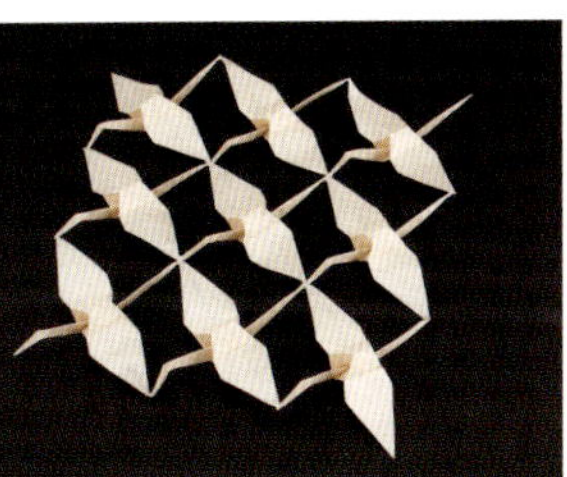

青海波

青海波とは、波の形をかたどった模様のこと。12か所に切りこみを入れて折る。

▲『秘伝千羽鶴折形』

江戸時代後期に刊行されたおりがみについての最古の本。さまざまなつなぎ鶴の折り方も収められている。右の写真は本をもとに折ったもの。

画像提供：日本折紙学会　折紙アートミュージアム　特別展示「秘伝千羽鶴折形」の再現より

ここがスゴイよ！ニッポンの文化大図鑑 総さくいん

【文化名・五十音順】

総70項目
総100作品

1巻 芸をみがく・演じる
2巻 競う・きたえる
3巻 学ぶ・たしなむ
4巻 遊ぶ・楽しむ
5巻 食べる・くらす

※メインで紹介している作品は太字にしています。

あ

か

さ

表紙書影

『ケッコーなお手前です。』みよしふるまち／マッグガーデン
『雨天の盆栽』つるかめ／マッグガーデン
『ちはやふる』末次由紀／講談社
『昭和元禄落語心中』雲田はるこ／講談社
『らーめん才遊記』久部緑郎／河合単／小学館
『ぴんとこな』嶋木あこ／小学館
『あさひなぐ』こざき亜衣／小学館
『バガボンド』I. T. Planning, Inc.

※本書の情報は、2017年12月現在のものです。

スタッフ

イラスト	金田啓介
文	山内ススム
装丁・本文デザイン	オフィス アイ・ディ（辛嶋陽子、土本のぞみ）
DTP	スタジオポルト
校正	村井みちよ
編集制作	株式会社童夢
企画担当	日本図書センター／福田恵

NDC380
名作マンガ100でわかる!
ここがスゴイよ! ニッポンの文化大図鑑
④遊ぶ・楽しむ
日本図書センター
2018年　48P　26.0cm×21.0cm

名作マンガ100でわかる!
ここがスゴイよ! ニッポンの文化大図鑑
4巻 遊ぶ・楽しむ

2018年1月25日　初版第1刷発行

編集／ニッポンの文化大図鑑編集委員会
発行者／高野総太
発行所／株式会社 日本図書センター
〒112-0012　東京都文京区大塚3-8-2
電話　営業部03（3947）9387　出版部03（3945）6448
http://www.nihontosho.co.jp
印刷・製本／図書印刷 株式会社

2018 Printed in Japan

ISBN978-4-284-20412-5（第4巻）